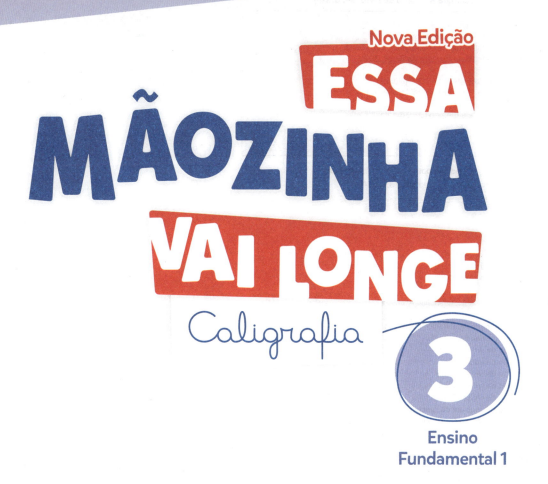

Essa Mãozinha Vai Longe

Nova Edição

Caligrafia

3

Ensino Fundamental 1

Thayanne Gabryelle · Vilza Carla

3ª edição
São Paulo, 2021.

Dados Internacionais de Catalogação na Publicação (CIP)
(Câmara Brasileira do Livro, SP, Brasil)

Gabryelle, Thayanne
　　Essa mãozinha vai longe : caligrafia 3 : ensino fundamental / Thayanne Gabryelle, Vilza Carla. -- 3. ed. -- São Paulo : Editora do Brasil, 2021.

　　ISBN 978-65-5817-312-0 (aluno)
　　ISBN 978-65-5817-313-7 (professor)

　　1. Caligrafia (Ensino fundamental) I. Carla, Vilza. II. Título.

20-52109　　　　　　　　　　　　　　　　CDD-372.634

Índices para catálogo sistemático:
1. Caligrafia: Ensino fundamental 372.634

Cibele Maria Dias - Bibliotecária - CRB-8/9427

© Editora do Brasil S.A., 2021
Todos os direitos reservados

Direção-geral: Vicente Tortamano Avanso

Direção editorial: Felipe Ramos Poletti
Gerência editorial: Erika Caldin
Supervisão de arte: Andrea Melo
Supervisão de editoração: Abdonildo José de Lima Santos
Supervisão de revisão: Dora Helena Feres
Supervisão de iconografia: Léo Burgos
Supervisão de digital: Ethel Shuña Queiroz
Supervisão de controle de processos editoriais: Roseli Said
Supervisão de direitos autorais: Marilisa Bertolone Mendes

Supervisão editorial: Júlio Fonseca
Edição: Agueda del Pozo e Rogério Cantelli
Assistência editorial: Patrícia Harumi
Especialista em copidesque e revisão: Elaine Silva
Copidesque: Gisélia Costa, Ricardo Liberal e Sylmara Beletti
Revisão: Alexandra Resende, Andréia Andrade, Elis Beletti, Fernanda Sanchez, Flávia Gonçalves, Gabriel Ornelas, Mariana Paixão, Martin Gonçalves e Rosani Andreani
Pesquisa iconográfica: Isabela Meneses
Assistência de arte: Leticia Santos e Lívia Danielli
Design gráfico: Gabriela César e Talita Lima
Capa: Talita Lima
Edição de arte: Andrea Melo e Samira Souza
Imagem de capa: Claudia Marianno
Ilustrações: Camila Hortêncio, Carolina Sartório, Danillo Souza, HeartCRFT/Shutterstock.com (ícones), Silvana Rando, Vanessa Alexandre e Waldomiro Neto
Coordenação de editoração eletrônica: Abdonildo José de Lima Santos
Editoração eletrônica: NPublic/Formato Editoração
Licenciamentos de textos: Cinthya Utiyama, Jennifer Xavier, Paula Harue Tozaki e Renata Garbellini
Produção fonográfica: Cinthya Utiyama e Jennifer Xavier
Controle de processos editoriais: Bruna Alves, Carlos Nunes, Terezinha de Fátima Azevedo e Valéria Alves

3ª edição / 3ª impressão, 2023
Impresso na Grafilar

Rua Conselheiro Nébias, 887
São Paulo, SP – CEP 01203-001
Fone: +55 11 3226-0211
www.editoradobrasil.com.br

Sua mãozinha vai longe

Ó mãozinhas buliçosas!
Não me dão sossego ou paz,
Volta-e-meia elas aprontam
Uma reinação: zás-trás! [...]

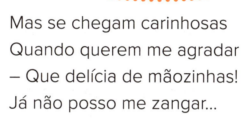

Mas se chegam carinhosas
Quando querem me agradar
— Que delícia de mãozinhas!
Já não posso me zangar...

Não resisto às covinhas,
À fofura, à maciez
Das mãozinhas buliçosas:
Me derreto duma vez!

Tatiana Belinky. *Cinco trovinhas para duas mãozinhas.*
São Paulo: Editora do Brasil, 2008. p. 4, 12.

Ilustrações: Carolina Sartório

Currículos

Thayanne Gabryelle*

- Licenciada em Pedagogia.
- Especializada em Pedagogia aplicada à Música, Harmonia e Morfologia.
- Professora do Ensino Fundamental das redes particular e pública de ensino por vários anos.
- Professora de curso de formação de professores de 1º grau.
- Autora de livros didáticos na área de Educação Infantil e Ensino Fundamental.

*A autora Celme Farias Medeiros utiliza o pseudônimo Thayanne Gabryelle em homenagem a sua neta.

Vilza Carla

- Graduada em Pedagogia com habilitação em Orientação Educacional.
- Pós-graduada em Psicopedagogia.
- Autora da Coleção Tic-Tac – É Tempo de Aprender, de Educação Infantil, da Editora do Brasil.
- Vários anos de experiência como professora de crianças em escolas das redes particular e pública, nas áreas de Educação Infantil e Ensino Fundamental.

Quem tem asas

Passarinhos
São os mais coloridos
Dos anjinhos.

Passarinhos
São crianças.

Enquanto eles voam
Porque são o que são,
Elas podem voar
Com as asas
Da imaginação.

Lalau. *Zum-zum-zum e outras poesias.*
São Paulo: Companhia das Letrinhas, 2007. p. 8.

Ilustrações: Carolina Sartório

Este livro é de
_____

Sumário

Coordenação visomotora 7-11

Alfabeto 12-17

Sílaba 18

Palavras
monossílabas 19
dissílabas 20-21
trissílabas 22-23
polissílabas 24-27

Encontro vocálico 30
Ditongo 31, 33, 35
Hiato 32, 33, 35
Tritongo 34-35

Encontro consonantal 36, 37, 41

Dígrafo 38-41

Sílaba tônica 43
Oxítona...43, 47
Paroxítona 44, 46, 47
Proparoxítona 45, 47

Sinais de pontuação 48
Ponto final 49
Vírgula 50
Dois-pontos e travessão...................51
Ponto de interrogação 52
Ponto de exclamação 53
Parênteses 54
Reticências..55

Frase 57
Afirmativa.............................57, 59, 63-65
Negativa.............................58, 59, 63, 64
Interrogativa 60, 62-65
Exclamativa..................................61-65

Substantivo 67
Substantivo próprio 67, 69, 75, 76
Substantivo comum..... 68, 69, 75, 76
Primitivo e derivado....... 70, 71, 75, 76
Simples e composto 72, 75, 76
Coletivo................................73, 74, 76

Gênero do substantivo ..77
Masculino e feminino...................77-81

Número do substantivo .. 82
Singular e plural 82-84

Grau do substantivo 86
Diminutivo 86, 87, 89
Aumentativo 88-89

Adjetivo 91-92

Sinônimo 93, 95-96

Antônimo 94-95

Pronome 98
Pronome de tratamento........... 99-102

Treinos ortográficos
Letra **m** antes de **p** e **b** e no **final** das palavras 28
Palavras com **rr** e **ss**..........................29
Uso de **r** e **rr**..42
Uso da cedilha 56
Palavras com **al – el – il – ol – ul** 66
Palavras com **as – es – is – os – us**...85
Palavras com **inho – inha – zinho – zinha** 90
Palavras com **nh** 97
Palavras terminadas em **az – ez – iz – oz – uz**................................. 103

Introdução à Língua Inglesa 104-112

Coordenação visomotora

- Cubra o tracejado e pinte a borboleta como a do modelo. Depois, cubra e leia a cantiga.

Borboletinha

Borboletinha tá na cozinha
Fazendo chocolate para a madrinha.
Poti-poti,
Perna de pau,
Olho de vidro
E nariz de pica-pau
Pau-pau.

Cantiga.

- Descubra e numere as partes que completam o tigre. Depois, cubra o texto tracejado e leia-o.

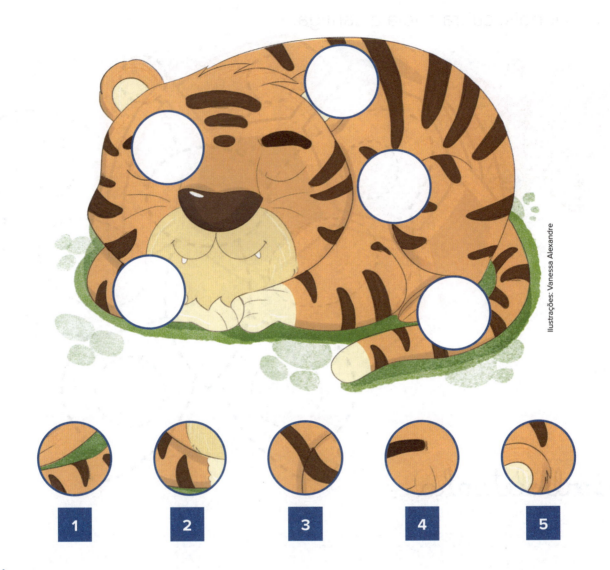

Tigre

Não toque nunca no tigre
Não mexa com sua fereza
Respeite sua beleza
Terrível por natureza.

Luiz Roberto Guedes. *Planeta Bicho: um almanaque animal!*
São Paulo: Formato Editorial, 2011. p. 22.

- Entre no labirinto da bola começando pela seta azul e faça uma linha até chegar ao ponto vermelho. Depois, cubra o texto e leia-o.

Ilustrações: Camila de Godoy

Aqui nenhum pé fica parado.
Ninguém aqui enrola.
Dribla, passa, cai e rola,
Vai correndo atrás da bola.

Texto escrito especialmente para esta obra.

- Siga as linhas com o lápis, descubra quem tomou o *milk-shake* de banana e desenhe um chapéu amarelo na cabeça da criança. Depois, desenhe um chapéu verde na cabeça de quem tomou o *milk-shake* de morango.

- **Aprenda a desenhar uma tartaruga e cubra a quadrinha.**

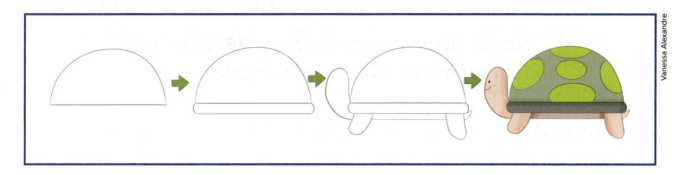

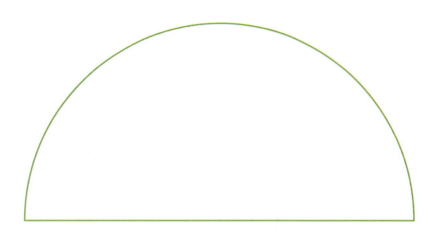

Lá vem a tartaruga
Devagar pelo caminho
Ploc, ploc, ploc, ploc...
Como é lento seu passinho!

Quadrinha.

Alfabeto

> Nosso alfabeto é formado por **26** letras, que podem ser **maiúsculas** ou **minúsculas**.

- Trace uma linha seguindo a ordem alfabética minúscula em letra de fôrma. Comece pela seta e termine no ponto vermelho.

s	a	t	h	i	x	v
b	b	c	g	j	i	n
q	k	d	o	p	q	k
u	f	e	n	m	r	s
r	g	h	p	l	k	t
q	n	i	j	k	v	u
j	t	k	v	x	w	u
x	i	x	z	y	f	o

- Escreva o alfabeto maiúsculo em letra de fôrma.

A		N	
B		O	
C		P	
D		Q	
E		R	
F		S	
G		T	
H		U	
I		V	
J		W	
K		X	
L		Y	
M		Z	

• Complete a trilha com o alfabeto maiúsculo em letra cursiva.

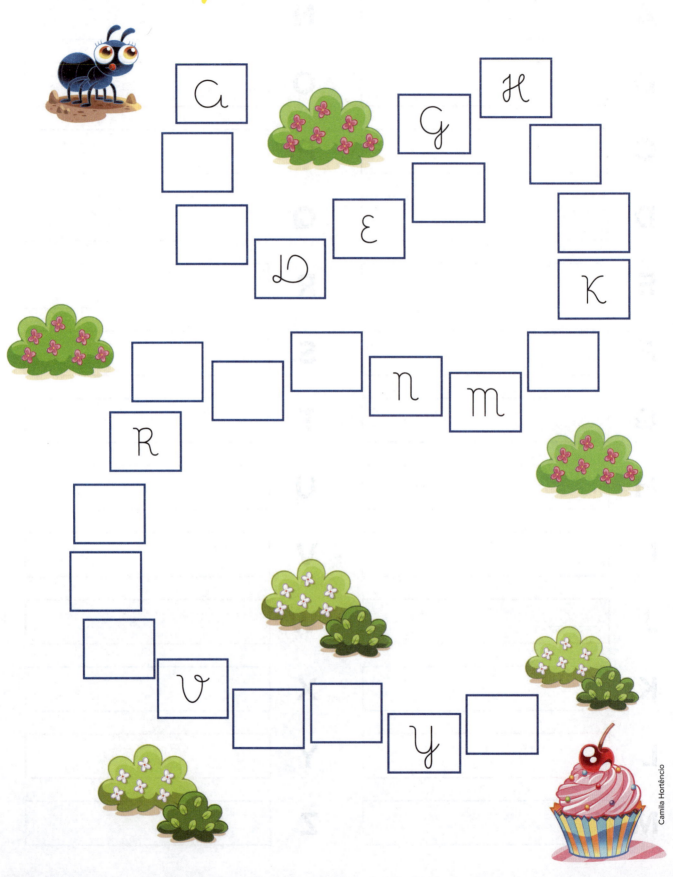

- **Recorde o alfabeto minúsculo em letra cursiva. Copie as letras nas pautas com capricho.**

a   b   c   d   e   f   g

h   i   j   k   l   m

n   o   p   q   r   s

t   u   v   w   x   y   z

- Observe o modelo, cubra e escreva as letras que faltam em cada quadro.

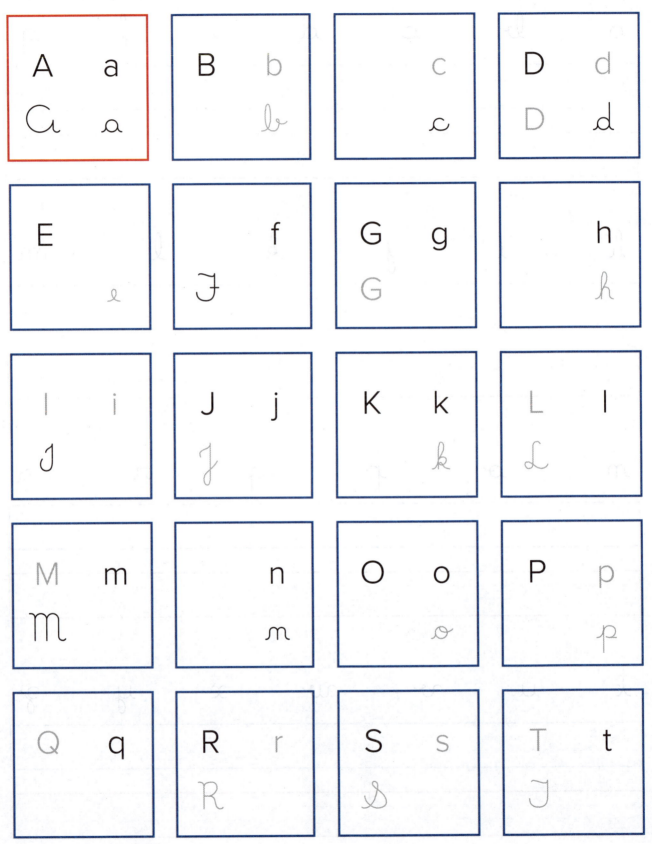

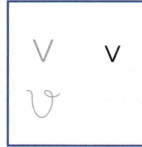

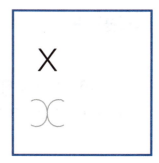
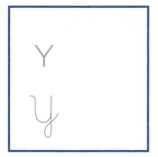
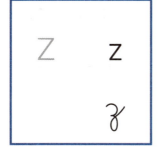

- Escreva nas pautas, em ordem alfabética, o nome de cada animal a seguir.

Sílaba

Cada vez que abrimos a boca para falar, dizemos um pedacinho da palavra. Esse pedacinho recebe o nome de **sílaba**.

- Pinte somente as sílabas que formam o nome das figuras. Escreva os nomes nas pautas, conte quantas sílabas cada palavra tem e anote o número no círculo.

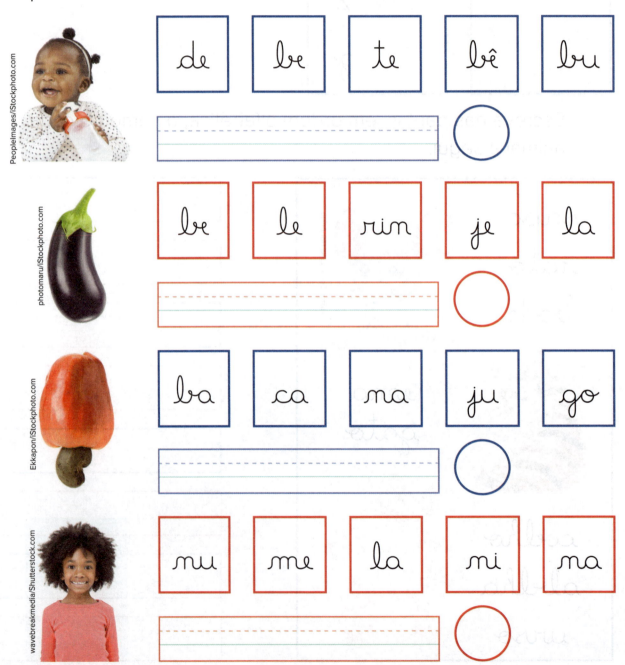

Palavras monossílabas

> As palavras que têm uma única sílaba são chamadas **monossílabas**.

- Leve a abelha para pousar somente nas flores que têm palavras monossílabas. Depois, escreva nas pautas as palavras por onde ela passou.

Palavras dissílabas

> As palavras que têm duas sílabas são chamadas **dissílabas**.

- Descubra no diagrama 12 palavras dissílabas. Elas podem estar na posição vertical ou horizontal. Depois, escreva nas pautas as palavras encontradas. A primeira já está feita para você.

bo	vi	nu	di	a	no	ca	ri	ho
ca	nu	ta	tu	a	si	sa	ne	fi
xi	co	gi	nu	fo	to	ia	ra	to
li	po	ze	ce	ki	po	sa	po	nu
si	xo	su	to	pa	to	ju	ka	ho
no	pe	co	ne	xo	sa	ze	ci	ra

boca

- Encontre e circule no texto todas as palavras dissílabas. Depois, transcreva-o juntando as sílabas das palavras.

Rotina...
To-do di-a é sem-pre as-sim

De ma-nhã fa-ço xi-xi

Na es-co-la, a pro-fes-so-ra

Me per-gun-ta o que eu li

U-mas ve-zes lei-o um li-vro

Nou-tras ve-zes, um gi-bi.

César Obeid. *Criança poeta: quadras, cordéis e limeriques.*
São Paulo: Editora do Brasil, 2011. p. 12.

Palavras trissílabas

> As palavras que têm três sílabas são chamadas **trissílabas**.

- Escreva cada dupla de palavras nos quadradinhos separando-as em sílabas e combinando uma delas. Veja o modelo.

a) galinha – farinha

b) xícara – barata

c) camisa – casaco

d) laranja – janela

e) boneca – caneca

f) serrote – castelo

a)

	ga	
	li	
fa	ri	nha

c)

b)

d)

e)

f)

22

- Cubra as palavras trissílabas tracejadas. Depois, complete o texto com elas, na ordem em que estão apresentadas.

conheça Príncipe
castelos Genovês
calango cavalga
         cavalo

Cavalo dá xeque-mate?

Agora vocês me digam:
Quem _____ a lagartixa
Que sonha noite alta,
Com _____ de ametistas?

Ela sonha com o _____,
_____ Dom _____,
Que _____ um _____
De um jogo de xadrez.

Sérgio Capparelli. *111 poemas para crianças*. 25. ed. Porto Alegre: L&M, 2017. p. 13.

Palavras polissílabas

> As palavras que têm quatro ou mais sílabas são chamadas **polissílabas**.

- Use as sílabas do quadro para formar nove palavras polissílabas e escreva-as nas pautas.

bor	ta	bri	ci	cho	ga
bo	le	e	ça	má	ru
de	te	ran	co	di	tar
fan	es	pe	la	li	dor
ma	ti	ca	qui	fi	ca
fo	ne	mi	nho	sa	po

- Cubra as palavras polissílabas tracejadas que aparecem no texto.

Toda alegre, a tartaruguinha começou um passeio pelo fundo do mar, para conhecer seus habitantes. Logo encontrou o caranguejo-ermitão: Que caranguejo engraçado! Vejam só como ele mora: o rabo dentro da concha, corpo do lado de fora.

Angelo Machado. *A viagem de Tamar: a tartaruga-verde do mar.* Belo Horizonte: Lê, 1996. p. 10.

- Junte as sílabas das palavras a seguir e escreva-as nas pautas corretas.

res-tau-ran-te   ci-da-de   so-fá
pé   sa-la-da   pi-co-lé
ma-ra-cu-já   hi-po-pó-ta-mo   trem
rei   ra-bo   te-la

monossílaba

dissílaba

trissílaba

polissílaba

- Cubra o texto tracejado e leia-o. Depois, encontre e pinte o que se pede de acordo com a legenda.

  três palavras monossílabas
  três palavras dissílabas
  três palavras trissílabas
  três palavras polissílabas

Claro sol já vem raiando,
Iluminando a manhã.
Na brisa, os versos da lua
Com cheirinho de hortelã.

A vida, então, amanhece.
O galo acorda manhoso.
As estrelas adormecem,
Num merecido repouso.

Neuza Sorrenti. *Lua cheia de poesia*. São Paulo: Editora do Brasil, 2010. p. 22.

Treino ortográfico

Letra m antes de p e b e no final das palavras

> Antes de **p** e **b** e no **final** de algumas palavras usamos a letra **m**.

- Cubra as palavras e encontre-as no diagrama a seguir. Depois, escreva-as nas pautas separando as sílabas.

bombom   campo   pombo
computador   batom   cachimbo

b	a	t	o	m	l	a	i	r	e	c
o	a	t	e	c	a	m	d	b	e	a
m	z	p	o	m	b	o	a	d	t	m
b	a	m	d	o	r	a	i	r	e	p
o	i	t	c	a	c	h	i	m	b	o
m	c	o	m	p	u	t	a	d	o	r

28

Palavras com rr e ss

Algumas palavras são formadas por letras dobradas: **rr** ou **ss**. Na divisão das sílabas, essas letras ficam separadas.

- Escreva as palavras no diagrama usando letra cursiva, conforme indicado pelos numerais.

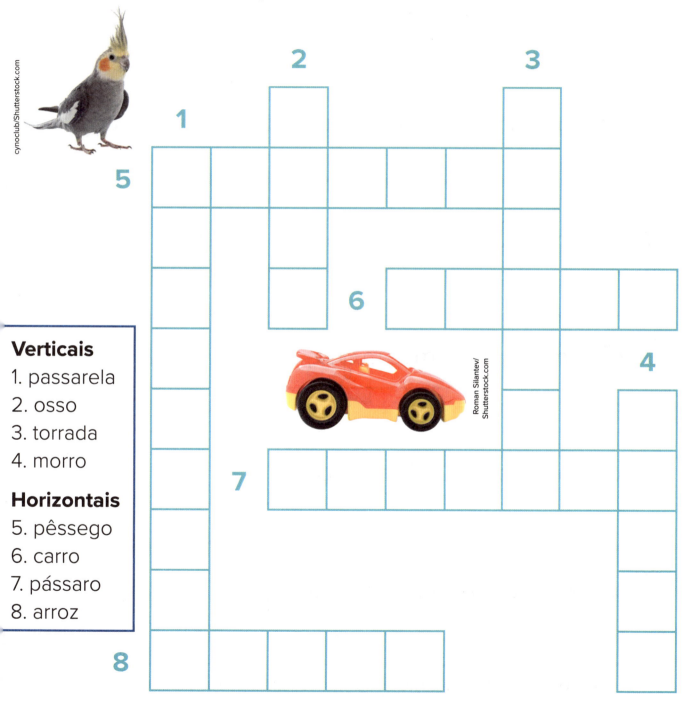

Verticais
1. passarela
2. osso
3. torrada
4. morro

Horizontais
5. pêssego
6. carro
7. pássaro
8. arroz

Encontro vocálico

> Duas ou mais vogais juntas em uma palavra formam um **encontro vocálico**.

- Copie o texto e circule as palavras com encontros vocálicos.

Ninguém deu mais trégua pra égua,

Fizeram ela andar uma légua

Trotando no mangue,

Não foi bangue-bangue,

Mas eu senti pena da égua.

César Obeid. *Loucoliques da Língua Portuguesa*. São Paulo: Editora do Brasil, 2016. p. 28.

Ditongo

> Quando duas vogais estão juntas na mesma sílaba, chamamos **ditongo**.

- Circule os ditongos e transcreva as frases juntando as sílabas das palavras.

Es-ta ban-dei-ra é bra-si-lei-ra.

O pei-xe não co-meu a ce-nou-ra.

Ma-teus ga-nhou u-ma te-sou-ra.

Gos-tei da goi-a-ba com lei-te.

Hiato

> O encontro de duas vogais que pertencem a sílabas diferentes é um **hiato**.

- Leia, cubra e transcreva as palavras. Depois, separe as sílabas e pinte os quadrinhos dos hiatos. Por fim, ilustre as palavras.

toalha

navio

coroa

criança

viola

- Encontre no coelho nomes de animais nos quais há encontros vocálicos e escreva-os usando letra cursiva minúscula nas colunas indicadas.

Hiato	Ditongo

Tritongo

O encontro de três vogais pronunciáveis na mesma sílaba recebe o nome de **tritongo**.

iguais

- Leia, transcreva e separe as sílabas das palavras. Depois, pinte o quadrinho em que está o tritongo de cada palavra.

desiguais

Uruguai

Paraguai

enxaguou

saguão

- Separe as sílabas das palavras e classifique-as nos quadrinhos de acordo com a legenda.

| d | ditongo | h | hiato | t | tritongo |

papai

padaria

qualquer

beijo

saúde

teatro

enxaguei

sabão

Encontro consonantal

A união de duas ou mais consoantes em uma palavra chama-se **encontro consonantal**.

grilo

- Cubra as palavras e transforme-as acrescentando a letra *r*. Depois, circule os encontros consonantais. Veja o modelo.

pato	(prato)
taça	_____
gato	_____
bota	_____
faca	_____
cavo	_____
dama	_____
fio	_____
tato	_____

No encontro consonantal, a união das palavras pode acontecer na mesma sílaba ou em sílabas separadas.

- Observe a legenda e separe as sílabas das palavras com encontros consonantais.

Na mesma sílaba

flanela

fruta

livro

bicicleta

pneu

Em sílabas separadas

martelo

pasta

alfinete

advogado

pescoço

Dígrafo

> Quando duas letras representam um único som (fonema) chama-se **dígrafo**.

esquilo

- Cubra os dígrafos e escreva o nome de cada imagem nas pautas.

lh

 nh

ch

 ss

gu

38

- As palavras do quadro têm dígrafos. Copie-as nas pautas de acordo com as etiquetas.

carreta	girassol
lhama	cachoeira	carinho
águia	crescer	esquerda
tempero	cantiga

ch _____

gu _____

lh _____

qu _____

nh _____

sc _____

rr _____

an _____

ss _____

em _____

- As palavras a seguir têm dígrafos. Cubra-as, observe as legendas e separe as sílabas.

Separáveis

sossego _____ _____ _____
corrida _____ _____ _____
piscina _____ _____ _____
excelente _____ _____ _____ _____
desço _____ _____

Inseparáveis

banheiro _____ _____ _____
foguete _____ _____ _____
leque _____ _____
chave _____ _____
orelha _____ _____ _____

- Cubra as palavras e pinte-as de acordo com a legenda.

| encontro consonantal | dígrafo |

gravata	olho	cobra
chuva	flor	terra
grama	quibe	pedra
ninho	estrela	leque
cravo	osso	cabrito
unha	cacto	folha
flauta	quiabo	frio

Treino ortográfico
Uso de r e rr

- Escreva as palavras substituindo o símbolo 🙂 por r ou rr.

amo🙂a

ja🙂o

maca🙂ão

bo🙂acha

fa🙂inha

abóbo🙂a

ba🙂ata

ma🙂eco

🙂iqueza

a🙂oz

ca🙂eca

bu🙂o

Sílaba tônica

Ao dizer uma palavra, pronunciamos sempre uma sílaba com mais força.

A sílaba mais forte da palavra é a **sílaba tônica**.

Oxítona

Quando a sílaba tônica estiver na **última** sílaba, a palavra é chamada de **oxítona**.

balão

- Pinte a sílaba tônica das palavras oxítonas. Depois, escreva as palavras nas pautas.

ca	fé		ja	va	li		ir	mã

Sa	ci		ja	ca	ré		ma	çã

Paroxítona

> Quando a sílaba tônica estiver na **penúltima** sílaba, a palavra é chamada de **paroxítona**.

macaco

- Leia cada palavra e transcreva com capricho as palavras nas pautas. Depois, escreva a sílaba tônica no quadrinho.

mochila

minhoca

galinha

martelo

táxi

criança

lápis

mesa

Proparoxítona

Quando a sílaba tônica estiver na **antepenúltima** sílaba, a palavra é chamada de **proparoxítona**.

pássaro

- Leia cada palavra proparoxítona, escreva-a na pauta e faça uma ilustração. Depois, circule a sílaba tônica.

lâmpada	*médico*	*árvore*
pérola	*pêssego*	*ônibus*

- Faça como o modelo. Depois, pinte somente os balões em que houver uma palavra paroxítona.

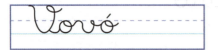
sílaba tônica _vó_

sílaba tônica _____

sílaba tônica _____

sílaba tônica _____

sílaba tônica _____

sílaba tônica _____

- Escreva o nome da figura, destaque a sílaba tônica e classifique a palavra. Veja o modelo.

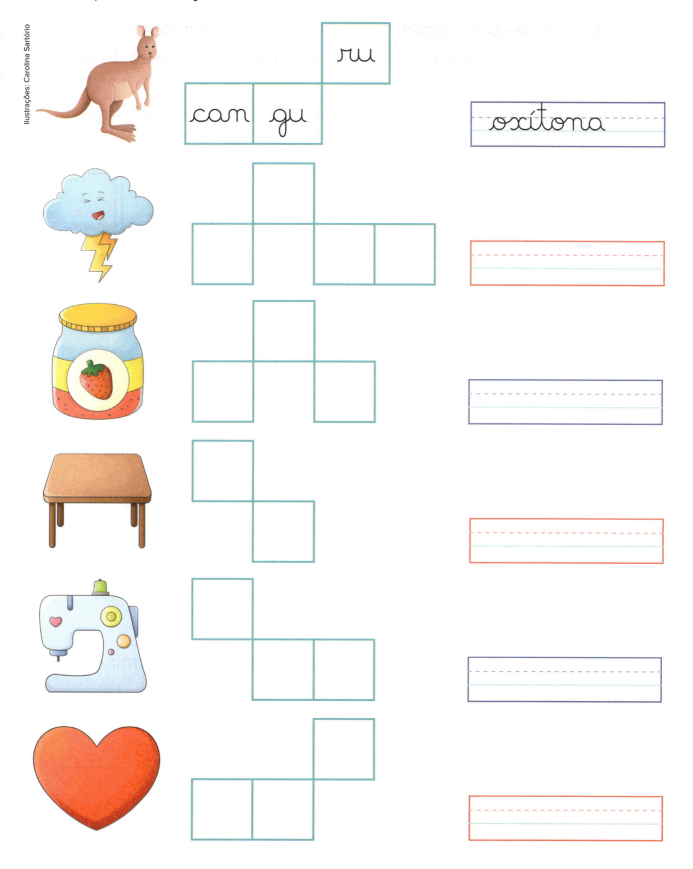

Sinais de pontuação

> Os **sinais de pontuação** indicam as pausas nas frases e a entonação da voz na leitura, o que auxilia na compreensão do texto.

- Cubra os nomes dos sinais de pontuação e coloque cada sinal no quadrinho correspondente.

| . | , | ! | ? | : | — | ... |

- ☐ ponto final
- ☐ ponto de interrogação
- ☐ ponto de exclamação
- ☐ dois-pontos ☐ vírgula
- ☐ travessão ☐ reticências

- Escreva uma frase que comece com travessão e termine com ponto de interrogação.

48

Ponto final

O **ponto final** . marca o fim de uma frase, seja ela negativa, afirmativa ou imperativa.

- Observe as cenas e escreva uma frase para cada uma usando o ponto final.

Vírgula

> A **vírgula** , indica uma pequena pausa na leitura.
> Na escrita, a vírgula é usada em datas, endereços e sequências.

- Cubra a parlenda e escreva a vírgula em cada tracinho.

Um__ dois__

Feijão com arroz;

Três__ quatro__

Feijão no prato;

Cinco__ seis__

Falar inglês;

Sete__ oito__

Comer biscoito;

Nove__ dez__

Comer pastéis.

Parlenda.

Dois-pontos e travessão

> **Dois-pontos** : indicam que alguém vai falar ou que haverá uma enumeração.
>
> **Travessão** — é usado para indicar a fala de alguém.

- Leia e escreva nas pautas o trava-língua. Depois, circule de azul os dois-pontos e de vermelho o travessão.

Quero que você me diga

sete vezes encarrilhado

Sem errar, sem tomar fôlego:

— Vaca preta, boi pintado!

Trava-língua.

Ponto de interrogação

> O **ponto de interrogação** ? marca o fim das frases interrogativas, é usado para fazer perguntas.

- Cubra o texto e leia a parlenda. Depois, sublinhe as frases interrogativas e copie-as nas pautas.

Bichinha gata

Bichinha gata,
Que comeste tu?
Sopinhas de leite.
Onde as guardaste?
Debaixo da arca.
Com que as tampaste?
Com o rabo do gato.
Sape, sape, sape!

Parlenda.

Ponto de exclamação

> O **ponto de exclamação** ! é sempre usado em frases de admiração, medo, surpresa ou espanto.

- Cubra e leia o texto. Depois, circule os pontos de exclamação e cubra o tracejado da ilustração para fazer o bolo.

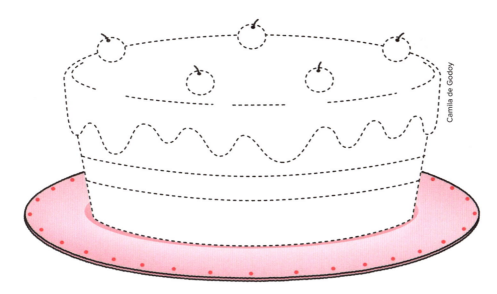

Camila de Godoy

Boca de forno

— Boca de forno?
— Forno!
— Jirando um bolo?
— Bolo!
— Se eu mandar?
— Vou!
— Se não for?
— Ganha bolo!

Parlenda.

Parênteses

> Os **parênteses ( )** destacam palavras e expressões na frase.

- Cubra e leia o texto. Depois, pinte a frase que está dentro dos parênteses.

Dançando

Ritmo

É o tempo descalço na areia molhada.

(É quando o tempo tem todo o tempo do mundo.)

É dividir bem o tempo que o tempo tem.

Ricardo Elia. *Ritmo é tudo*. São Paulo: Scipione, 2012. p. 28.

Reticências

> As **reticências** ... indicam um pensamento interrompido ou um som que se prolonga.

- Cubra o texto tracejado e complete-o escrevendo as reticências nos tracinhos. Depois, leia-o em voz alta e ilustre-o.

O seresteiro

Na noite escura
um grilo pardo
cricrila sempre
perto do quarto____
cri____ cri____ cri____
Todas as noites
ali ele está
com sua cantiga
a me mimar

Maria Luiza Amorim. *Que me ensine a namorar*.
São Paulo: Editora do Brasil, 1992. p. 14.

Treino ortográfico
Uso da cedilha

Cedilha ¸ é o sinal colocado na letra **c** para lhe dar o som de **s** inicial. Ela só pode ser usada antes das vogais **a**, **o**, **u** (**ça**, **ço**, **çu**). As sílabas **ce** e **ci** já têm som de **s** e não precisam de cedilha.

- Escreva com letra cursiva as palavras no diagrama, conforme indicado pelos numerais.

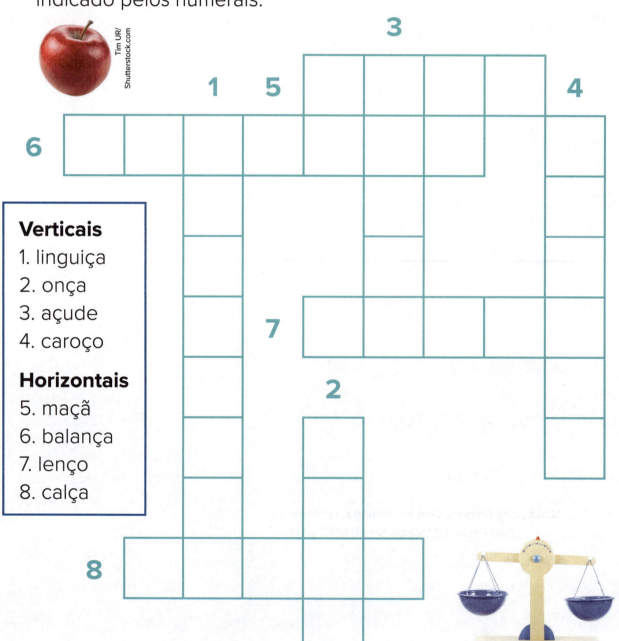

Verticais
1. linguiça
2. onça
3. açude
4. caroço

Horizontais
5. maçã
6. balança
7. lenço
8. calça

Frase

Frase é uma palavra ou um grupo de palavras que transmite uma informação com sentido completo.
Ao começar uma frase, use sempre a letra maiúscula.
Cada frase transmite um tipo de informação.

Afirmativa

A frase **afirmativa** comunica uma informação afirmativa.

- Ordene as palavras e forme uma frase afirmativa para cada inseto.

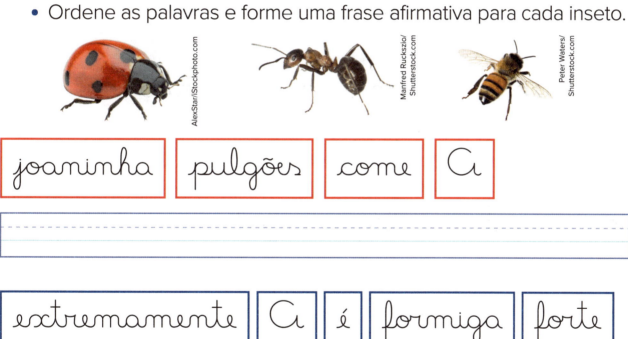

Negativa

> A frase **negativa** comunica uma informação negativa.

- Escreva nas pautas a forma negativa das frases afirmativas. Depois, pinte a frase que você mais gostou.

O coelho gosta de ficar no colo.

Os gatos querem tomar banho.

Joca perdeu o lápis azul.

Pepeu e Cina são irmãos.

O grilo parou de cricrilar.

- **Para cada cena, escreva uma frase afirmativa e outra negativa.**

Interrogativa

> A frase **interrogativa** comunica uma pergunta.

- Cubra a parlenda. Depois, circule as frases interrogativas e transcreva-as nas pautas.

— Você quer brincar de pique?
— Quero!
— É de pique e picolé?
— É.
— Quantos piques você quer?
— Quatro.
— Um, dois, três, quatro.

Parlenda.

Exclamativa

> A frase **exclamativa** comunica sentimento de alegria, dor, medo, surpresa, admiração, entre outros.

- Coloque um ponto de exclamação dentro de cada quadrinho. Depois, escreva o texto nas pautas.

Que banho gelado, minha nossa ☐

Nada de frente, nada de costas

E ainda diz que gosta.

Que corajosa essa morsa ☐

Rosângela Lima. *Banho de bicho*. São Paulo: Cortez Editora, 2013. p. 26.

- Leia e pontue corretamente as frases com ! ou ?. Depois, escreva-as nas pautas caligráficas.

1. Que barulho estranho○

2. Cadê o ovo que estava aqui○

3. Ui, que frio○

4. Você já viu um camelo○

5. Quem vai se esconder primeiro○

6. Que coisa boa○

7. Onde você foi○

- Pinte a cena e escreva frases sobre ela de acordo com as indicações.

Frase afirmativa

Frase negativa

Frase interrogativa

Frase exclamativa

- Cubra, leia e transcreva as frases. Depois, complete as definições.

1. Ui, o rato!

___

| ! | Esse é o ponto de _____. |

Essa frase é _____.

2. Vamos brincar de circo?

___

| ? | Esse é o ponto de _____. |

Essa frase é _____.

3. O camaleão é mestre em disfarces.

___

| . | Esse é o _____. |

Essa frase é _____.

4. Daniel não tomou o suco.

___

| não | Essa palavra indica que a frase é _____. |

- Leia e ilustre o texto no espaço dado.

Brincamos na piscina.
Apostamos corrida nadando...

— Vocês têm de sair da água! — diz papai.
— Por quêêê...? A manhã já acabou?
— Claro! O sol está muito forte. Já é meio-dia!

Pilar Ramos. *Um longo dia*. São Paulo: Editora do Brasil, 2007. p. 15.

- Agora, transcreva do texto com letra cursiva o que se pede.

a) Uma frase afirmativa.

b) Uma frase interrogativa.

c) Uma frase exclamativa.

Treino ortográfico
Palavras com al – el – il – ol – ul

- Junte as sílabas para formar palavras.

al	bal	fa	de
	ce	al	mo
	ça	cal	ço

el	Da	pin	tel
	ni	pas	cel
	el	nel	a

il	sil	fu	Bra
	a	nil	can
	til	ca	bril

ol	pol	pa	zol
	vo	len	rol
	çol	an	fa

ul	pul	a	mul
	cul	zul	ta
	tu	ra	ga

Substantivo

Substantivo é a palavra que nomeia pessoas, animais, lugares, objetos, sentimentos, entre outros.

Substantivo próprio

Quando o substantivo se refere a algo em particular, é chamado **próprio**. Neste caso, ele é escrito com letra maiúscula.

- Escreva dois substantivos próprios que sejam nomes de:

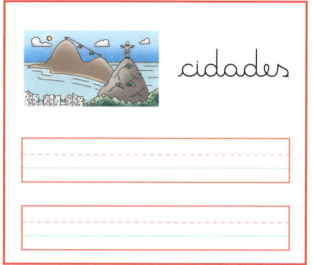

Substantivo comum

Quando o substantivo nomeia todos os seres da mesma espécie, é chamado **comum**. Neste caso, ele é escrito com letra minúscula.

- Escreva substantivos comuns que sejam nomes de:

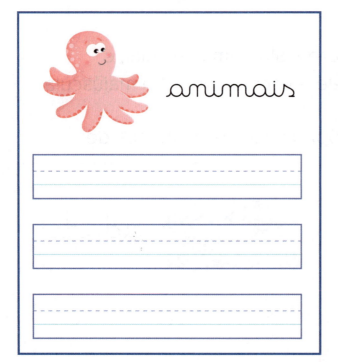

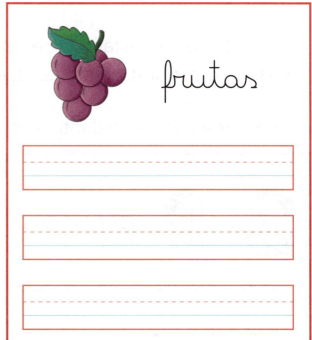

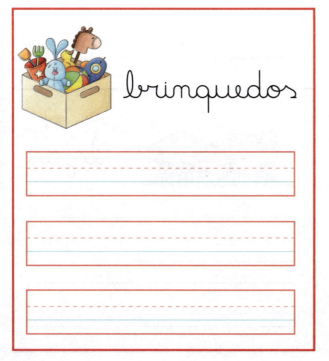

- Cubra, leia e ilustre o texto. Depois, transcreva os substantivos sublinhados nas colunas certas.

Maricotinha
Foi na lojinha
Comprar abacate
Para a Ritinha.
Táqui, táqui,
Cara de pau,
Joelho de prata
E bico de pardal.
Tchau, tchau.

Paulo Netho. *O grande livro das parlendas: parlendas decalcadas*. Barueri: Ciranda Cultural, 2015. p. 44.

Substantivos próprios	Substantivos comuns

Primitivo e derivado

Os substantivos também podem ser:
- **primitivos**, que não se originam de outras palavras da língua;
- **derivados**, que derivam de outras palavras.

Exemplos:

rosa → substantivo primitivo
roseira → substantivo derivado

- Complete a tabela cobrindo os substantivos primitivos e escrevendo possíveis substantivos derivados deles.

Substantivo primitivo	Substantivo derivado
pão	
flor	
banana	
pedra	
sapato	
dente	
sorvete	

- Procure no dicionário o significado de cada palavra e escreva-o nas pautas. Depois, ilustre cada uma delas e circule qual delas é o substantivo primitivo.

laranja

laranjada

laranjeira

Simples e composto

> Um substantivo **simples** é formado por uma única palavra.
> Um substantivo **composto** é formado por mais de uma palavra.

Exemplos:

porta → substantivo simples
joias → substantivo simples
porta-joias → substantivo composto

- Cubra os substantivos simples e ligue as palavras para formar substantivos compostos. Depois, escreva-os nas pautas.

guarda	flor
cachorro	roupa
beija	espada
peixe	quente

Coletivo

Um substantivo **coletivo** é um substantivo no singular que indica grande quantidade de pessoas, animais ou coisas; demonstra uma coleção ou um conjunto.

- Encontre, no diagrama a seguir, as coleções que formam os coletivos indicados e escreva-os nas pautas.

biblioteca

cardume

classe

alcateia

matilha

alfabeto

revoada

arquipélago

l	á	x	i	l	h	a	s	r	e	p
i	u	t	e	l	e	t	r	a	s	l
v	p	p	e	i	x	e	s	d	t	o
r	a	t	c	ã	e	s	i	r	e	b
o	i	a	l	u	m	o	s	s	c	o
s	p	á	s	s	a	r	o	s	s	s

- Escreva nas pautas os substantivos que formam os coletivos e ilustre-os.

cacho

ramalhete

enxame

constelação

manada

- Cubra os substantivos e classifique-os fazendo as correspondências.

Brasil ★

couve-flor ★

boneca ★

dentista ★

bem-te-vi ★

Totó ★

João ★

girassol ★

tico-tico ★

bananada ★

substantivo próprio

substantivo comum

substantivo primitivo

substantivo derivado

substantivo simples

substantivo composto

- Trace uma linha seguindo o voo do beija-flor, sem sair do limite. Depois, escreva duas palavras para cada tipo de substantivo.

Próprios

Comuns

Coletivos

Compostos

Simples

Derivados

Primitivos

Gênero do substantivo

Masculino e feminino

> Os gêneros dos substantivos são dois.
> **Masculino:** nomes de homens, animais, objetos etc. que pertencem ao grupo masculino. Antes dos substantivos masculinos usamos **o**, **os**, **um**, **uns**.
> **Feminino:** nomes de mulheres, animais, objetos etc. que pertencem ao grupo feminino. Antes dos substantivos femininos usamos **a**, **as**, **uma**, **umas**.

- Escreva o feminino dos parentes listados.

tios _____   pai _____

neto _____   avô _____

- Escreva o masculino das profissões.

juíza _____   mestra _____

atriz _____   médica _____

- Passe para o feminino.

anão _____   órfão _____

ancião _____   inglês _____

- Descubra no diagrama a seguir dez palavras, que podem estar na vertical ou na horizontal, e contorne-as de acordo com a legenda.

Substantivo masculino

Substantivo feminino

b	i	s	c	o	i	t	o
k	m	e	q	i	r	m	ã
u	s	a	p	a	t	o	r
v	a	f	m	k	j	i	a
a	z	l	h	c	d	l	m	l	c
s	g	e	l	a	d	e	i	r	a
			ã	e	r	t	b	g	e	m
			v	ã	r	h	o	o	e	e
			ã	o	o	t	i	d	t	t
			h	q	s	q	v	a	c	a

78

- Coloque o artigo adequado antes de cada substantivo masculino ou feminino.

- Com letra cursiva, reescreva as cantigas passando para o feminino as palavras sublinhadas.

Escravos de Jó jogavam caxangá.
Tira, põe, deixa ficar...
Guerreiros com guerreiros fazem zigue-zigue-zá.
Guerreiros com guerreiros fazem zigue-zigue-zá.

_____
_____
_____
_____

O sapo não lava o pé.
Não lava porque não quer.
Ele mora lá na lagoa,
não lava o pé porque não quer.
Mas que chulé!

_____
_____
_____
_____
_____

- **Reescreva o trecho da parlenda passando as palavras em vermelho para o masculino. Depois, ilustre como ficou.**

Eram cinco irmãs numa casa,

Uma foi fazer teatro.

Deu tangolomango nela

E das cinco ficaram quatro.

Parlenda.

Número do substantivo

Singular e plural

Os substantivos também variam quanto ao número.
- **Singular:** indica uma única coisa.
- **Plural:** indica mais de uma coisa.

• Classifique as palavras do quadro e escreva-as no respectivo lugar.

Singular

pianos • gaitas • guitarra • pratos
violões • pandeiro • sanfona • flauta
bateria • chocalhos • tambores • xilofone

Plural

- Leia e reescreva a parlenda passando as palavras em **destaque** para o plural. Depois, desenhe mais galinhas.

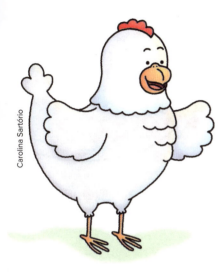

A galinha choca

_____

Comeu minhoca

_____

Saiu pulando

_____

que nem **pipoca**.

_____

Parlenda.

- Leia e reescreva com letra cursiva o trecho do poema passando as palavras sublinhadas para o singular. Em seguida, complete a ilustração.

Natureza

As árvores do mato balançam
Formigas trabalham, não cansam
Quando as aves voam
E os ventos entoam
Os nossos ouvidos descansam.

César Obeid. *Criança poeta: quadras, cordéis e limeriques.* São Paulo: Editora do Brasil, 2011. p. 22.

Treino ortográfico

Palavras com as – es – is – os – us

- Cubra as palavras e, depois, escreva-as nos diagramas separando as sílabas.

a) Sebastião – basquete

b) mosquito – mosca

c) rubis – biscoito

d) ônibus – urubus

e) professor – festa

a)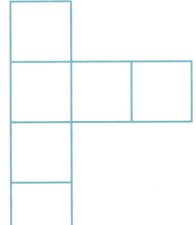

c)

d)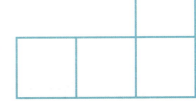

b)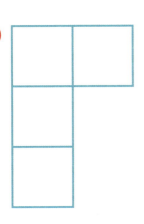

e)

Grau do substantivo

As pessoas, os animais e as coisas variam de **tamanho**.

Diminutivo

O **diminutivo** indica um tamanho **pequeno**.

- Complete as frases com o diminutivo de cada figura. Depois, pinte as figuras.

Uma 🍌 pequena é uma _____.

Um 🐟 pequeno é um _____.

Um ⛵ pequeno é um _____.

Uma 📦 pequena é uma _____.

Uma ☁️ fininha é uma _____.

- Reescreva a quadrinha nas pautas passando as palavras em **destaque** para o diminutivo.

Chupei uma **laranja**
A **semente** joguei fora
Da **casca** fiz um **barco**
Pra levar meu **bem** embora.

Quadrinha.

Aumentativo

> O **aumentativo** indica um tamanho **grande**.

- Encontre e contorne no diagrama o aumentativo das palavras. Elas podem estar nas posições horizontal, vertical ou transversal. A primeira já está feita para você.

~~bola~~ • amigo • chapéu
pastel • nariz • casa • copo

b	s	c	o	p	á	z	i	o	p	o
p	o	n	t	m	x	o	g	i	ã	e
a	á	l	r	g	ã	j	s	g	t	p
s	z	n	o	s	o	x	i	j	l	a
t	a	q	r	m	f	r	q	k	n	m
e	d	c	a	s	a	r	ã	o	s	i
l	f	h	t	m	x	w	d	j	c	g
ã	g	a	y	a	v	g	a	y	l	ã
o	h	l	c	h	a	p	e	l	ã	o

- Escreva o diminutivo e o aumentativo das palavras.

Diminutivo	Normal	Aumentativo
	peixe	
	sorriso	
	rapaz	
	sala	
	fogo	
	mesa	
	cão	
	chapéu	
	papel	
	criança	
	dente	

Treino ortográfico

Palavras com inho – inha – zinho – zinha

Veja como formamos alguns diminutivos:

- acrescenta-se **inho** ou **inha** às palavras primitivas que têm **s** ou **z** na última sílaba;

- acrescenta-se **zinho** ou **zinha** às palavras primitivas que não têm **s** ou **z** na última sílaba.

- Escreva os nomes das figuras no diminutivo.

Ilustrações: Danillo Souza

Adjetivo

O **adjetivo** é a palavra que dá qualidade ao substantivo.

Exemplo:

 rósea, delicada e perfumada

- Escreva três adjetivos para cada imagem.

- Cubra e leia o texto. Depois, circule os adjetivos que nele aparecem.

O importante

Pouco importa se é baixinho,
Alto, magro ou gordinho.

Pouco importa se é estabanado
Ou se é organizado.

Pouco importa o seu jeito,
Pois seu jeito é perfeito.

Tímido, falante ou calado,
Viva sempre sossegado.

A vergonha jogue fora
E se abrace bem agora.

Se você quer um conselho,
Dê um sorriso para o espelho!

César Obeid e Jonas Ribeiro. *Poesias para a paz*. São Paulo: Editora do Brasil, 2016. p. 11.

Sinônimo

> Os **sinônimos** são palavras diferentes que têm o mesmo significado.

- Reescreva os ditados populares substituindo as palavras destacadas por um sinônimo do quadro. Capriche!

vendaval • machuca
machucado • desconfiado
gelada • planta

Gato **escaldado** tem medo de água **fria**.

Quem **semeia** vento, colhe **tempestade**.

Quem com ferro **fere**, com ferro será **ferido**.

Antônimo

Os **antônimos** são palavras que têm significado contrário.

- Escreva o antônimo das palavras destacadas e ilustre os quadrinhos.

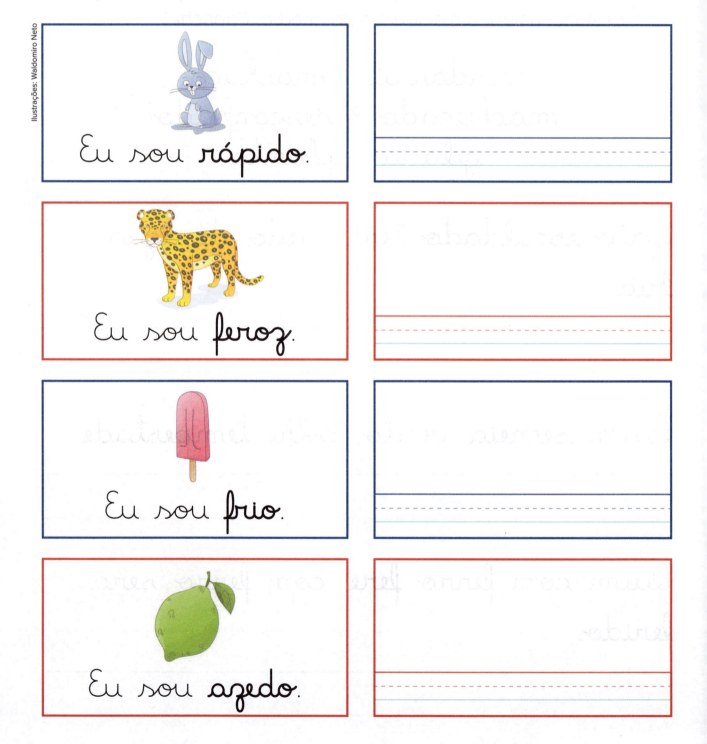

Eu sou **rápido**.

Eu sou **feroz**.

Eu sou **frio**.

Eu sou **azedo**.

- Escreva o sinônimo e o antônimo das palavras.

Sinônimo		Antônimo
	início	
	achar	
	muito	
	grande	
	longe	
	calmo	
	áspero	
	amar	
	bonito	

- Cubra e leia o texto. Depois, consulte o dicionário e escreva dois sinônimos para cada palavra sublinhada.

Quando eu me sinto <u>feliz</u>,
Fico todo <u>sorridente</u>, e
Tudo à minha volta parece
<u>Extremamente</u> <u>maravilhoso</u>.

Trace Moroney. *Quando me sinto feliz*. São Paulo: Ciranda Cultural, 2018. p. 5.

Treino ortográfico
Palavras com nh

- Pinte os bichinhos, desembaralhe as letras e escreva os nomes deles nas pautas.

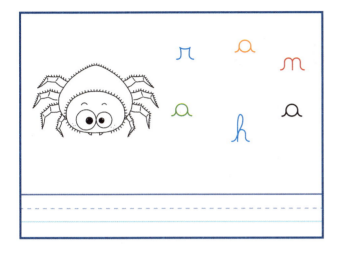
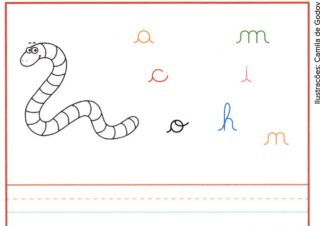

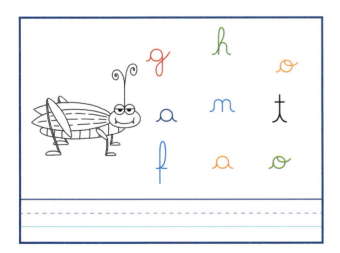

Pronome

> **Pronome** é a palavra variável que acompanha ou substitui o nome.

Exemplo:

João canta bem.
Ele canta bem.

- Cubra e conheça os pronomes pessoais.

a) No singular:

eu – tu – ele – ela

b) No plural:

nós – vós – eles – elas

- Reescreva as frases substituindo os nomes pelos pronomes **ela**, **eles** ou **elas**.

Lívia toca violão.

Clarice e Rosa estão brincando.

Os gatinhos estão dormindo.

Pronome de tratamento

Usamos **pronomes de tratamento** de acordo com a pessoa com quem estamos conversando.

- Aprenda alguns pronomes de tratamento escrevendo-os com atenção nas pautas.

Senhor, senhora (pessoas de respeito)

Vossa Excelência (altas autoridades)

Vossa Majestade (reis e rainhas)

Vossa Alteza (príncipes e princesas)

Vossa Senhoria (diretores, vereadores)

Vossa Santidade (papa)

Vossa Eminência (cardeais)

Vossa Reverendíssima (sacerdotes e bispos)

Meritíssimo (juiz)   Você (pessoas íntimas)

- Complete a fala dos personagens com pronomes de tratamento. Depois, transcreva as frases para as pautas.

Senhor diretor, _____ poderia nos receber?

_____

és um rei sábio e bondoso.

_____

é minha irmã querida.

- Cubra as palavras da primeira coluna e numere a segunda de acordo com o pronome de tratamento adequado para se dirigir a cada pessoa.

1. você

2. senhor

3. senhora

4. Vossa Alteza

5. Vossa Excelência

6. Vossa Santidade

7. Meritíssimo

☐ à mamãe

☐ ao juiz

☐ à professora

☐ ao vovô

☐ ao príncipe

☐ ao amigo

☐ ao presidente da República

☐ ao papa

Treino ortográfico

Palavras terminadas em az – ez – iz – oz – uz

- Escreva as palavras substituindo o 🙂 por *az, ez, iz, oz* ou *uz*. Depois, separe as sílabas delas.

arr🙂

d🙂

surd🙂

fer🙂

cusc🙂

ju🙂

rap🙂

cr🙂

chafar🙂

cart🙂

fel🙂

Introdução à Língua Inglesa

Expressões de cumprimento e apresentação

Quando chegamos a um local e encontramos outras pessoas, geralmente as cumprimentamos com um **olá**, **oi**, **bom dia**, **boa tarde**, entre outras.

- Aprenda, cubra e transcreva algumas expressões de cumprimento e apresentação em inglês.

Ilustrações: Silvana Rando

Bom dia! Good morning!

Boa tarde! Good afternoon!

Boa noite! (na chegada)
Good evening!

Boa noite! (na despedida)
Good night!

- Cubra e transcreva a apresentação de Kate em inglês. Depois, faça o mesmo com a resposta, completando-a com seu nome. Por fim, ilustre um autorretrato no espaço disponível.

Olá, meu nome é Kate.
Hello, my name is Kate.

Qual é o seu nome?
What is your name?

Meu nome é
My name is

Membros da família

- Cubra, transcreva e ilustre as palavras. Depois, marque **X** nos membros da família que moram na mesma casa que você.

pai	mãe
father	mother

irmão	irmã
brother	sister

avô
grandfather

avó
grandmother

filho
son

filha
daughter

| tio | tia |
| uncle | aunt |

| neto | neta |
| grandson | granddaughter |

Cores, frutas e animais

- Cubra e transcreva o nome das cores. Depois, pinte cada ursinho com a cor indicada.

- Cubra as palavras e ligue as frutas a seu nome em inglês.

grapes

lemon

melon

orange

apple

pineapple

watermelon

banana

- Escreva o nome de cada animal na pauta correspondente e, depois, encontre-o no diagrama.

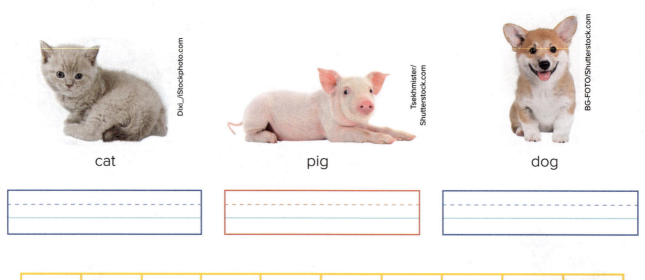